AF377244

Couvertures supérieure et inférieure
manquantes

LA PRISE

DE COLMAR

EN 1673,

RACONTÉE PAR LE DOYEN DU CHAPITRE DE CETTE VILLE.

Traduit de l'allemand.

COLMAR,

IMPRIMERIE ET LITHOGRAPHIE DE CAMILLE DECKER.

—

1864.

LA PRISE DE COLMAR

EN 1673,

RACONTÉE PAR LE DOYEN DU CHAPITRE DE CETTE VILLE.

L'histoire moderne de la ville de Colmar n'offre peut-être pas d'épisode plus intéressant que le coup de main hardi qui fit tomber cette ville au pouvoir de Louis XIV. Depuis 1648, Colmar, qui était censée appartenir à la France comme les autres villes de la décapole, n'avait cessé d'opposer la plus vive résistance à l'exécution du traité de Westphalie ; les représentants des anciennes dix villes impériales traînaient de diète en diète, de congrès en congrès, les commissaires français, et les embarrassaient dans l'interprétation du droit germanique, comme dans les mailles inextricables d'un filet ; il y avait vingt-cinq ans que cela durait et que des syndics, des bourguemestres, de simples bourgeois tenaient tête au Grand Roi ; celui-ci ne voulant pas renoncer au bénéfice de la conquête, Colmar ne pouvant se résoudre à devenir tout-à-fait française, il fallait nécessairement sortir par la violence de cette situation. C'est alors que se passèrent les évènements rapportés dans le récit que l'on va lire. Ces évènements sont certainement connus de la plupart de nos lecteurs ; il n'est pas un historien d'Alsace qui ne les ait retracés plus ou moins longuement ; M. X. Mossmann notamment, dans la 18e livraison du Musée historique et pittoresque de l'Alsace, en a reproduit tous les

détails d'après la « *Mira Colmariensium Metamorphosis
oder Wunderbare Veraenderung der Stadt Colmar;* » je n'ai
pas cru que ce fût une raison suffisante pour m'empêcher
de publier la relation que nous a laissée le doyen Rizart.
Il me semble, en effet, qu'entre celle-ci et les relations
officielles que l'on trouve reproduites partout, il y a toute
la différence de la chronique à l'histoire ; plus d'origina-
lité, de naïveté, et souvent, d'exactitude dans le détail. Le
chanoine Rizart, venu de Bremgarten, en Suisse, avait
remplacé, en 1665, George Faller comme doyen du chapitre
de Colmar. Représentant des intérêts du chapitre, défen-
seur de la foi catholique dans une ville où l'influence
protestante dominait, il eut à lutter bien souvent contre
les tentatives du magistrat ; le manuscrit des actes capi-
tulaires renferme le détail de ces luttes d'où notre doyen
sortit plus d'une fois victorieux ; il ne manquait pas alors
de consigner ce triomphe dans son manuscrit et d'y traduire
sa joie en épithètes, adressées au magistrat protestant,
qui trahissent parfois la rudesse des mœurs helvétiques ;
c'est dans ce même manuscrit (folios 134 à 139) que Rizart
a inséré le récit de la prise de Colmar ([1]) ; c'est pour lui
comme un chant de victoire ; à partir de ce moment, en
effet, l'égalité entre les deux cultes commença à s'établir,
jusqu'à ce qu'elle fût formellement reconnue en 1681.
« Les cloches sonnèrent à toute volée, dit-il, et cette
sonnerie affligea les luthériens plus que la démolition des
remparts. » Je ne discuterai pas cette appréciation, mais
je crois que si le magistrat protestant de 1673 tenait avec
ardeur à sa foi religieuse, il fut incapable de trahison,

([1]) M. l'abbé Hanauer, à qui ses travaux historiques ont acquis une légitime
réputation, a découvert ce document historique ; c'est à lui que je suis redevable
de cette intéressante communication.

car il savait que Colmar, une fois occupée par une garnison française, la prédominance du catholicisme y était assurée.

RÉCIT DE LA GUERRE DE COLMAR,
DE LA MANIÈRE DONT LA VILLE FUT PRISE, SES REMPARTS DÉMOLIS ET DE TOUT CE QUI SE PASSA DE MÉMORABLE EN CETTE OCCASION.

En cette année 1673, des cavaliers français, gens de qualité, passèrent à Colmar, se rendant à Brisach; quelques-uns reçurent de grands honneurs de la ville qui fit tirer le canon lors de leur passage; d'autres ne reçurent aucuns honneurs.

Le 28 juin de cette année (8 juillet, style nouveau), entre deux et trois heures de l'après midi, monsieur le marquis de Coulanges arriva avec 500 hommes de cavalerie française près du grand pont, où il fit camper ses troupes; les vignes, les plantations de chanvre et les prés eurent beaucoup à souffrir de ce campement, les distilleries furent pillées, détruites, quelques centaines de bestiaux, bœufs et moutons, qui rentraient du pâturage, furent pris, tués et rôtis par les français qui firent grande chère; ils avaient reçu en outre du magistrat de la ville du vin, de l'avoine et du foin en quantité suffisante; somme toute, ils menèrent une vie de soldat; toutefois, les bourgeois n'eurent rien à souffrir d'eux, à l'exception de Jean Meidorff, tonnelier, catholique, qu'ils prirent et laissèrent attaché tout une nuit à un poteau, la corde au cou, en représailles d'un coup de feu qui avait été tiré sur eux par un autre bourgeois; le lendemain le père prieur des Augustins demanda et obtint sa grâce (¹). Cependant les bourgeois faisaient bonne garde dans l'intérieur de la ville avec défense expresse de l'autorité de commettre aucun acte d'hostilité; *sans doute il y avait là dessous quelque menée secrète;* les Français partirent le....

(¹) Il y a, au sujet de cet épisode, une version un peu différente dans le rapport R. G. S. B. aux archives de la ville. Voici cette version: un coup de feu, parti d'une des distilleries qui venaient d'être mises au pillage par les cavaliers de M. de Coulanges, blessa à l'épaule un de ces hommes; un bourgeois qui se trouvait là fut arrêté et ne fut relâché que trois jours après, quand Gaspard Knürtzel, propriétaire de la distillerie, vint trouver M. de Coulanges et lui prouva que ce coup de feu avait été tiré par un soldat, ivre-mort de l'eau-de-vie qu'il avait bue. On sait que trois redoutes complétaient le système de fortifications de la ville, l'une dite *Erlen-redut* l'autre *Eschemerschanz*, la première dans la direction de la

Le 9 août, Sa Majesté le roi de France fit requérir de la ville de Colmar, par le commissaire M. du Walier, 300 réseaux d'avoine, 3,000 bottes de paille et 5,000 de foin, qu'on envoya à Turckheim où devait être établi un camp jusqu'au retour du roi qui se rendait à Brisach ; d'autres localités voisines furent aussi frappées des mêmes réquisitions ; le magistrat vota cette imposition extraordinaire, mais ce furent les bourgeois qui la payèrent, et voiturèrent les fourrages à Turckheim.

Le mardi 12, il arriva 9 compagnies à cheval qui campèrent près du grand pont ; des gardes furent établies devant chaque porte de la ville, mais chacun put entrer et sortir. Le colonel demanda que, le roi devant arriver, la ville retirât les canons des remparts, attendu qu'on en faisait autant en France quand le roi entrait dans une ville, il ajouta que ne pas se rendre à cette demande serait faire à Sa Majesté un affront qui l'irriterait fort.

Le vendredi jour de l'Assomption, l'obristmeister, accompagné de tous les stettmeisters, se rendit en carrosse auprès de toutes les tribus et représenta aux bourgeois que l'usage était, quand un roi arrivait dans une ville, qu'on descendît les canons des remparts, que cet usage était observé à l'égard du roi de France dans son propre royaume, qu'on devait donc n'y pas manquer non plus et conduire les canons à l'arsenal ; qu'il fallait considérer la grandeur de ce roi victorieux qui en quelques jours avait pris Mæstricht, *imprenable comme Colmar*, et prendre garde en l'irritant d'attirer sur la ville d'irréparables malheurs ; « *que les bourgeois, ajoutèrent-ils, ne conçoivent pas de fâcheux soupçons de leurs magistrats, car ils veilleront sur toute la bourgeoisie avec une sollicitude paternelle.* » — Cette déclaration ne laissa pas de troubler fort les bourgeois et de les jeter dans une grande perplexité.

Le dimanche 17 août, devait avoir lieu, selon l'ancien usage de la

---

route de Rouffach actuelle, entre la Thur et la route, la seconde se rapprochant davantage de la montagne, le troisième fort auquel on ne connaît pas de nom particulier était situé en-deçà de la Lauch qui passe sous le long pont (route de Brisach), et non loin du Stechmühle. Cette redoute était gardée par quatre hommes au moment de l'arrivée de la cavalerie française. M. de Coulanges, ne voulant pas, par des violences inutiles, pousser à bout la population, se contenta de couper les vivres à ces quatre soldats-citoyens qui tinrent bon deux jours contre la disette, et ne rentrèrent en ville que quand la faim fut devenue plus forte que leur patriotisme.

ville , la cérémonie du Schwörtag , mais elle fut empêchée par le tumulte et la confusion. Le matin à 4 heures les bourgeois furent appelés aux postes ; un courrier arriva de Schlestadt demandant , de la part du roi, s'il devait arriver en ami ou en ennemi ; on cessa donc la prestation du serment et l'on se contenta de rappeler aux bourgeois leur ancien serment.

Le lendemain 18 , les chefs des tribus firent savoir que le commandant de la cavalerie avait de nouveau insisté pour qu'on retirât les canons des remparts et qu'on abandonnât les postes dès qu'on apercevrait les gardes du roi ; cette sommation répandit l'effroi dans la bourgeoisie. Le soir entre 5 et 6 heures , le marquis de Louvois arriva ; les sept compagnies de cavalerie allèrent à sa rencontre jusqu'au gibet ; les messieurs du magistrat se rendirent aussi au même endroit pour le recevoir ; après qu'ils l'eurent reçu et complimenté, le gros de la troupe se mit en marche vers la porte de Brisach (¹) , comme pour se rendre à son ancien campement ; le colonel et ses cavaliers avaient déjà dépassé la barrière tenue fermée, quand, tournant bride tout-à-coup, ils marchèrent sur la barrière et demandèrent qu'on l'ouvrît ; le gardien s'y refusa d'abord , mais, intimidé par les menaces , il ouvrit ; les sept compagnies entrèrent alors dans la ville à bride abattue et se divisèrent pour aller occuper les unes l'arsenal, d'autres le Waagkeller et le corps-de-garde , sur la place de la cathédrale ; les trois portes furent occupées et restèrent ouvertes toute la nuit ; dans la crainte d'une surprise de la part des habitants, la cavalerie passa toute la nuit à cheval ; le marquis de Louvois suivi de quelques cavaliers , fit son entrée par la Kerckher-Thor (²) , le valet de ville reçut l'ordre de faire le tour des remparts et de conduire à l'arsenal les canons qui s'y trouveraient encore ; cet ordre fut aussitôt exécuté. Le mardi matin à 7 heures , les officiers français se réunirent à l'arsenal pour voir les pièces d'artillerie qu'ils admirèrent beaucoup, ils reconnurent eux-mêmes qu'ils n'auraient jamais cru trouver à Colmar d'aussi belles pièces et une telle quantité de munitions ; il y avait 96 canons, 5,000 quintaux de poudre , 8,000 quintaux de mèches , du plomb et des boulets en grand nombre, sans parler des équipements et des autres armes ; ils prirent ensuite note

____

(¹) Delnhelmer-Thor.

(²) Porte-Prison ; cette porte servait de prison à la ville ; aujourd'hui porte ou faubourg de Rouffach, des grains et autres provisions ; entre 10 et 11 heures , il arriva deux régiments de troupes suisses et quelques régiments français qui se répandirent sur toutes les places et dans toutes les rues ; ils amenaient quatre pièces de 24 qui furent braquées sur la place de la cathédrale ; l'après midi tous les bourgeois durent déposer leurs armes au Wag-keller, sous peine de 100 couronnes d'amende. On fit, cependant, les distributions des logements : j'eus à loger au doyenné un aumônier suisse, de Soleure, avec son cheval ; je ne l'aurais certainement pas reçu s'il n'avait été mon compatriote ; il ne resta chez moi que jusqu'au samedi ; je le traitai de mon mieux et il s'en montra reconnaissant ; les soldats campèrent toute la nuit dans la ville.

Le mercredi matin à 4 heures, on apporta aux soldats quantité de pelles, de pics et de hoyaux, et la démolition des fortifications commença ; dans la matinée de ce même jour les armes et toutes les munitions de guerre furent conduites à Brisach ; *voilà ce qui s'appelle administrer en bons pères les intérêts des bourgeois, ainsi que l'avaient promis ces messieurs du magistrat, à peu près comme un renard qui gouvernerait des oies.* A onze heures leurs Majestés le roi et la reine arrivèrent de Ribauvillé. Le roi arriva à cheval jusqu'à la porte de Teinheim, considérant la ville et ses fortifications dont la démolition était déjà assez avancée. L'abbé de Munster, en habits pontificaux, les chanoines, les Augustins, les Dominicains et leur père provincial, sortirent de la porte de Teinheim au devant de leurs Majestés avec le Saint Sacrement, la croix et la bannière ; les messieurs du magistrat étaient à complimenter le roi et la reine. Les luthériens eurent un grand dépit de voir que, par la protection de M. de Ruzé, sous-bailli de Haguenau, nous eûmes le pas sur eux ; ils avaient l'intention de se jeter aux genoux du roi, mais ils en furent empêchés, aussi, quand ils nous virent arriver avec la croix et la bannière, ils s'écrièrent avec douleur : *ces prêtres nous gâtent tout notre jeu.* Pendant que le roi considérait la ville, la reine survint dans un carrosse de deuil, accompagnée de dames de qualité ; avertie par M. de Ruzé, elle fit arrêter son carrosse , l'abbé de Munster me prit des mains notre croix d'argent et la lui présenta ; elle la baisa très-respectueusement et s'entretint environ sept minutes avec le prélat qui lui recommanda notre chapitre et la bourgeoisie catholique ; la reine promit de nous être favorable. Après cela, messieurs du magistrat s'approchèrent pour faire leurs compliments à la reine, mais Sa Majesté ne voulut pas les entendre

et fit avancer son carrosse ; ils eurent ainsi le chagrin de se voir honteu-
sement éconduits, tandis que les ecclésiastiques eurent seuls l'honneur
de saluer la reine, *ce qui aigrit singulièrement les luthériens contre
nous catholiques.* Le roi survint ensuite, suivi de ses officiers et de
toute sa cour ; l'abbé de Munster voulut aussi lui donner la croix à
baiser et le complimenter au nom du chapitre et de la bourgeoisie
catholique, mais comme il se faisait tard, Sa Majesté se contenta de
remercier en saluant et passa au grand galop, la poussière était si
épaisse qu'on ne pouvait s'y voir ; S. M. alla ainsi jusqu'à Andolsheim
où elle dîna. Le soir, quand les soldats revinrent de la démolition des
remparts, on les envoya en quartiers ; leur nombre était si grand que
le plus pauvre bourgeois en eut jusqu'à sept à loger ; aussi les gémis-
sements, les cris de désolation et les larmes de la bourgeoisie faisaient
peine à voir et à entendre ; les bourgeois étaient tellement irrités contre les
messieurs du magistrat que ceux-ci ne se laissaient pas voir volontiers,
*les bourgeois les poursuivant publiquement, les appelant fripons,
voleurs, traîtres ; les femmes mêmes les menaçaient de les tuer avec
leurs couteaux.* Pour apaiser ce ressentiment, le magistrat fit délivrer
du cellier de la ville à chaque bourgeois, par soldat à loger, un litre de
vin, plus un pain de munition ; les pauvres reçurent de la boucherie
de la viande de munition, mais les soldats se comportèrent si mal qu'ils
ne se contentèrent pas de cela ; ils buvaient jour et nuit comme s'ils
eussent été à quelque fête de village, à une noce ou au carnaval ; les
sept soldats que logeait chaque bourgeois lui buvaient par jour depuis
6 jusqu'à 37 doubles litres de vin ; les Français ont pour cela une
merveilleuse capacité. — Le jeudi quelques milliers d'hommes vinrent
de France aider à la démolition des remparts. — Le vendredi, Monsei-
gneur l'évêque de Bâle, Jean Conrad, se rendit à Brisach auprès de
leurs Majestés ; il en reçut une croix d'or enrichie de diamants estimée
à 16000 écus. — Le samedi matin commença la démolition des murs de
la ville ; l'après-midi, à deux heures, le roi et la reine revinrent de
Brisach et poursuivirent leur route jusqu'à Ribauvillé, en passant
près de la porte de Brisach ; on ne laissa sortir personne de la ville ;
le même jour quelques compagnies de troupes suisses et françaises quittèrent Colmar. — Le dimanche M. le sous-bailli de Haguenau promit aux
bourgeois, si mille d'entre eux voulaient travailler à la démolition des
remparts, de décharger la ville de deux mille hommes de troupes ; les
bourgeois se mirent donc à l'œuvre l'après-midi. — Le lundi quelques

BIBLIOTHÈQUE IMPÉRIALE

compagnies quittèrent la ville, emmenant les 4 pièces de 24. — Le mardi on porta à l'arsenal toute la poudre qui se trouvait dans les différentes tours de la ville. — Le mercredi je me plaignis vivement au major de ce que les pauvres bourgeois catholiques étaient surchargés de logements militaires et que c'était du fait des quartiers-maîtres protestants, qui, en haine *de la religion*, et suivant leur détestable habitude, auraient voulu ruiner les catholiques pour leur faire quitter la ville où eux seuls seraient demeurés maîtres ; le major me répondit qu'il devait aussi y avoir un quartier-maître catholique, j'allai donc quérir Michel-Antoine Barth, *bon catholique et sachant le français*, je le conduisis au quartier et les luthériens durent, mais bien à contre-cœur l'accepter ; beaucoup de catholiques se trouvèrent par suite soulagés. — Le jeudi, il arriva des places françaises quelques centaines de charriots, chargés d'armes et de munitions qu'on conduisait à Brisach ; on commença le même jour la démolition des fortifications des autres villes impériales d'Alsace. — Le samedi vers minuit, un incendie où la malveillance n'avait aucune part, se déclara dans la toiture de la chapelle de Saint-Jacques, convertie par les luthériens en arsenal, où 80 tonnes de poudre se trouvaient déposées ; déjà le plafond était détruit et le feu allait atteindre les poudres, quand le poste de garde s'aperçut de l'imminence du danger ; quelques minutes plus tard et le bâtiment sautait avec les soldats qui s'y trouvaient, le doyenné aurait eu aussi beaucoup à souffrir ; la porte fut enfoncée aussitôt, les tonneaux de poudre roulés dehors et l'incendie éteint ; grâces soient rendues à Dieu qui détourna de nous un si grand malheur. — Le jeudi 4 septembre, comme on démolissait la porte de Brisach et les remparts de cette partie de la ville, je fus informé qu'on avait trouvé dans la hutte de l'ancienne carrière un grand et beau crucifix taillé dans un seul bloc de pierre ; je me rendis aussitôt auprès du commandant, M. de Bockmar, je lui appris que les luthériens avaient caché ce remarquable crucifix au temps de la réformation, et je le lui demandai pour l'exposer publiquement et lui faire rendre hommage. M. de Bockmar s'étonna fort de ce que je lui dis, il me fit présent du crucifix et me donna 12 soldats pour le porter où je voudrais ; je le fis donc porter, entre neuf et dix heures du soir, sur notre calvaire auprès de la fabrique, à la grande joie de la bourgeoisie catholique, mais à la grande crainte *et au mécontentement des luthériens, ennemis de la Sainte-Croix.* Je donnai aux soldats et aux voituriers 6 florins de mes propres deniers, et leur fis chercher à boire à la cave du chapitre. La conservation de cette croix me réjouit d'autant plus, que le calendrier grégorien marquait pour ce jour-là même la fête de l'Exaltation de la Sainte-Croix, ce que je considérai comme un heureux présage pour la religion catholique ; cette croix doit avoir été faite, à ce que j'ai appris, au temps de la Réformation par un certain Heimburger ; nous autres catholiques nous aurions pu dire avec raison : délivre-nous de nos ennemis, Seigneur, par le signe de la croix. Aussi, en reconnaissance de cet évènement, je célébrai sur le calvaire la messe de la Sainte-Croix, à laquelle il assista beaucoup de monde ; il y eut encore un grand concours de gens des deux religions autour de cette belle croix pendant toute la journée.— Le 8 de ce mois, jour de la fête de la Nativité de Notre Dame, les pères capucins de Weinbach prêchèrent de nouveau à Colmar, sur ma demande, ce qui leur avait été défendu auparavant par les luthériens. — Le 12 toutes les troupes de pied, suisses et françaises, quittèrent la ville ; en revanche, il y entra sept compagnies de cavalerie qui se comportèrent fort mal. — Le 21, Mathieu Joner, bon catholique, fut installé comme quartier-maître, il leur fut recommandé, à lui et à Antoine Barth de veiller soigneusement à ce que les bourgeois catholiques ne fussent plus, comme autrefois, ni surchargés ni molestés. — Le 24 arriva à Colmar le convoi funèbre du marquis de..... décédé à Munster, mais qui avait demandé à être enterré aux Dominicains. — Le commandant, M. le marquis de Vasqual, invita le magistrat à faire sonner toutes les cloches de la cathédrale ; le magistrat essaya d'abord de s'y opposer, mais il dut en passer par là ; on commença donc à sonner à 4 heures jusqu'à 4 heures $\frac{1}{4}$ puis de 4 heures $\frac{1}{2}$ jusqu'à 5 heures ; le convoi sortit à 6 heures de la maison de Jean Byr, derrière le Doyenné, avec la croix et la bannière et au son de toutes les cloches ; on chantait le *libera me domine* ; les chanoines du chapitre, en habits de chœur, les Augustins, les Dominicains, le commandant et tous les officiers, tenant à la main des torches et des cierges, suivaient le corps ; le cortège fit le tour du chœur, descendit en longeant le calvaire et entra par la grande porte de la cathédrale ; après que les prières accoutumées eurent été dites dans le chœur, selon les conventions arrêtées en pareil cas avec les Dominicains, le cortège se remit en marche jusqu'à l'église des Dominicains où le corps fut inhumé ; pendant toute la cérémonie, qui dura deux heures, des soldats, par l'ordre du commandant, sonnaient les cloches à toute volée ; *cette sonnerie affligea les luthériens plus que la démolition des remparts ; aussi la jalousie fit verser bien des larmes à l'obristmeister Sandherr, mais la douleur de l'un cause la joie de l'autre.*

PROTOCOLES DE CORRESPONDANCE DU MAGISTRAT DE COLMAR,
années 1673 et suivantes, page 1078.

Lettre du Magistrat au Sieur Schott, à Ratisbonne.

« Avant-hier à neuf heures, M. le syndic Knecht nous a fait savoir, par un exprès, que M. Roller, un des commissaires désignés, est allé le trouver et lui a appris que le Roi de France devait être aujourd'hui à midi à Ribauvillé et qu'il passerait la nuit à Turckheim ; pour plus d'assurance et aussi pour connaître les raisons pour lesquelles M. de Louvois, à deux reprises différentes, en passant par notre ville et à Brisach, avait reçu avec tant de froideur nos députés, allant même jusqu'à les menacer, comme s'ils étaient indignes de la grâce du Roi et les premiers qui dussent être punis, nous avons envoyé notre syndic à Brisach auprès de M. le vicomte ; l'arrivée du Roi et les griefs que nous venons de rapporter ont été l'objet de ses conférences avec M. le vicomte et son secrétaire ; il a appris en confidence que Sa Majesté viendrait en Alsace, mais dans cinq ou six jours au plus tôt ; quant à la mauvaise mine du marquis de Louvois et à ses dures paroles aux députés colmariens, il ne faut pas, lui a-t-on dit, s'en tant préoccuper, il en sera de la ville de Colmar comme des autres villes ; sur l'observation qui lui fut faite qu'on voudrait savoir comment la ville de Colmar avait pu pêcher contre le Roi et pourquoi elle serait punie, que toute punition supposait une faute commise et qu'on le priait de faire connaître cette faute afin qu'on pût s'en justifier, qu'on ne trouverait rien à la charge des Colmariens dans leur conduite passée, à l'exception de ce qui était arrivé par ignorance lors du passage de M. le duc de Noailles, qu'on s'en était excusé auprès de celui-ci (¹), qu'on avait d'ailleurs payé assez cher ce qu'on considérait comme une faute ; à tout cela M. le vicomte répondit qu'il ne pouvait rendre qu'un bon témoignage de notre conduite, et qu'il ne savait rien de la dernière circonstance, etc.

(¹) Voir le rapport R. G. S. B. Lad. 41. No 22, aux archives de la ville de Colmar. « Le 5 juillet 1673, le duc de Noailles, venant de Lorraine par la vallée d'Orbey, passa devant Colmar pour se rendre à Brisach, mais comme il voyageait incognito et que personne n'avait annoncé son passage, les canons de la place

Lettre du 26 août.

Nous avons reçu votre dernière lettre du 15 de ce mois; comme vous
devez être impatient de connaître ce qui s'est passé ici depuis la date
du 12, nous vous ferons savoir que la cavalerie est restée campée près
de la Langebrucke d'où elle a chassé nos gens. Le colonel Lutzelbourger,
un de nos créanciers, s'est logé au *Pigeon blanc* (¹), les autres officiers
dans les moulins et les distilleries; des avant-gardes de 40 à 50 chevaux
se tenaient à la Thurbruck, près du mur des tireurs, à la Porte-Prison
et au Rappendantz; leurs sentinelles commandaient toutes les routes en
sorte que personne ne pouvait ni entrer ni sortir sans tomber dans ces
postes; mercredi dernier, 13 de ce mois, M. l'Intendant Poncet passa
dans notre ville, arrivant de Sainte-Marie et de Ribauvillé; ayant appris
qu'il était allé trouver le général de Coulange au *Steeg-Mühle* (²) nous
avons député vers lui M. le bailli Klein et le syndic chargés de se plaindre
amèrement, au nom de la ville, des dommages qui avaient été causés,
de demander la levée du campement ou tout au moins la remise des
contributions extraordinaires qui avaient été votées et qui devaient être
envoyées au magasin de Turckheim, attendu que nous avions déjà depuis
assez longtemps ces troupes sur le dos. M. l'Intendant se montra d'abord
assez dur avec nos députés; il leur dit que nous devions considérer que
nous possédons sur le territoire du Roi plusieurs milliers d'acres de
prés et de vignes dont nous recueillons tout le produit, que nous
devions donc ne pas faire tant de difficultés et envoyer à Turckheim les
contributions demandées, que, quant au campement il ne durerait plus
longtemps, que ce n'était qu'un passage, et qu'après cela on ne nous
demanderait plus rien. Nos députés lui ayant représenté qu'il nous était
impossible de contribuer en deux endroits à la fois, il leur répondit avec

----

restèrent muets et le Magistrat n'envoya aucune députation pour le complimenter;
le duc prit mal la chose et s'en plaignit à l'Obrismeister. Le lendemain, le Magistrat fit partir pour Brisach quelques députés, chargés d'apaiser le duc; le Rhin
étant très-fort, ce ne fut que le lendemain que les Colmariens, auxquels s'étaient
joints des députés de Sélestadt, purent arriver jusqu'au duc qui les reçut au
couvent des Capucins et agréa leurs excuses. »

(¹) A la porte de Brisach, c'est là qu'était la poste royale, maison occupée aujourd'hui par M. de Baillehache, avocat général à la Cour Impériale.

(²) Aujourd'hui le moulin Chevalier, à droite de la route et en avant de la
Langebrücke.

un rire moqueur que 100 quintaux de foin n'étaient rien pour une ville,
que d'autres localités avaient proportionnellement fourni de plus fortes
contributions ; voyant qu'il n'y avait plus grand'chose à obtenir pour
cette fois et qu'on ne cherchait qu'à nous pressurer en conscience,
sans doute pour nous amener à d'autres pensées, nos députés prièrent
seulement M. l'Intendant d'ordonner le départ de ces troupes ou de
faire contribuer avec nous quelques localités voisines à leur entretien.
M. l'Intendant accueillit favorablement cette ouverture et demanda aux
députés de désigner eux-mêmes quelques villes qui eussent des fourrages, ce que ceux-ci s'empressèrent de faire en indiquant des localités
soumises au domaine royal, mais M. l'Intendant choisit à la place des
localités du comté de Horbourg qu'il imposa pour chaque jour à une
voiture de foin ; le commissaire des guerres qui était présent ayant rap-
pelé que la ville de Kaysersberg devait prochainement livrer ses contributions au magasin royal, il signa l'ordre à cette ville d'envoyer au
camp trois voitures de foin et 6 quarteaux d'avoine ; il imposa aussi la
ville de Munster à 1000 livres de viande. Nous remerciâmes M. l'Intendant de ce soulagement ; il donna aussi, en présence du général et des
autres officiers, l'ordre de rendre tous les chevaux qui avaient été pris
aux bourgeois et promit de ne pas s'en aller avant que cette restitution
eût été faite ; les officiers donnèrent leur parole que personne ne serait
plus molesté et que le bétail pourrait entrer et sortir sans empêchement.
Alors on apporta de la ville à M. l'Intendant le vin d'honneur et quelques truites ; il nous remercia de ce présent et donna un doublon au
porteur ; après avoir dîné au moulin chez le général, il partit pour
Brisach, non sans avoir fait toutes les protestations possibles à notre
syndic que nous avions envoyé vers lui pour le complimenter avant son
départ. Dans l'après-midi du même jour arriva à Colmar le secrétaire
de M. le vicomte de l'Escouette, qui descendit *à la Fleur ;* l'hôtelier de
la *Fleur* nous fit aussitôt savoir son arrivée et nous lui députâmes notre
syndic qui s'entretint un instant avec lui à l'auberge et nous l'amena
ensuite au conseil ; il s'ouvrit à nous avec la confiance la plus entière,
nous assura que les troupes royales ne campaient devant la ville que
pour nous amener à faire notre soumission au Roi, qu'une parole un
peu imprudente nous ferait courir les plus grands dangers, que M. le
vicomte et lui verraient avec le plus grand déplaisir qu'il nous arrivât
quelque chose de fâcheux, que nous devions nous soumettre au Roi et
que M. le vicomte, son maître, nous rendrait les meilleurs offices à la

Cour. Nous avons vivement remercié M. le secrétaire, lui offrant nos services, à lui et à son maître, à titre de réciprocité. Le lendemain matin, le conseil se réunit à cinq heures pour le choix des maîtres (*Obristmeister*, *Stellmeister*); nous étions depuis un certain temps à délibérer sur les conjonctures fâcheuses où nous nous trouvons, quand un bourgeois, de garde aux portes de la ville, vint nous informer que le marquis de Coulanges désirait s'entretenir avec quelqu'un du Magistrat. On envoya vers lui M. le bailli Klein accompagné du syndic; M. de Coulanges rencontra nos députés à la porte de Brisach, il les tira à part et leur dit qu'il avait à nous faire savoir de la part du Roi que nous devions descendre du rempart nos pièces de canon, que si nous y consentions, il nous ferait d'autres propositions qui ne nous seraient pas désagréables, qu'il était satisfait de la conduite que nous avions tenue jusqu'alors, et qu'il voyait bien que nous étions de braves gens. Nos députés lui répondirent que nos canons étaient sur les remparts sans aucune mauvaise intention pour personne, mais pour saluer le Roi et d'autres personnages lors de leur passage; que le prince de Condé et le duc d'Enghien en avaient été salués il y a six mois et qu'ils nous avaient fait remercier de cet honneur, tout comme le duc de Noailles avait regardé comme un affront que nous ne les eussions pas tirés lors de son passage, que nous ignorions, et qu'à l'arrivée du Roi, toute notre artillerie serait tirée; le marquis de Coulanges répondit que si le Roi désirait que cet honneur lui fût rendu, il nous le ferait savoir, mais que pour le moment nous devions nous en tenir aux ordres qu'il nous transmettait; les députés demandèrent à en référer au conseil, et comme M. de Coulanges les pressait fort, ils promirent de lui rapporter la réponse dans une heure et demie au plus tard. La proposition fut aussitôt soumise au conseil qui décida à la majorité que, puisqu'il n'y avait que ce moyen de se concilier les bonnes grâces du Roi, les plus grosses pièces mises récemment en batterie seraient enlevées des remparts et transportées ailleurs, que les plus petites seraient seulement déplacées de manière à ce qu'elles ne fussent plus visibles du dehors, qu'il n'y avait à cela aucun inconvénient puisque notre artillerie restait toujours entre nos mains et que nous pourrions au premier signe de danger la mettre de nouveau en place sur les remparts. On fit aussitôt connaître cette résolution au général en lui disant que les pièces qui avaient été amenées pour saluer le Roi seraient aussitôt remportées, qu'il nous était indifférent de les voir sur les remparts ou dans l'arsenal. Le général nous promit d'en écrire à M. de Louvois et de lui faire savoir notre bonne conduite qui effacerait la mauvaise impression conçue contre notre ville. Nos députés revinrent et rapportèrent ces paroles au conseil; il fut décidé qu'on convoquerait toutes les tribus pour l'après-midi du lendemain, afin de détruire toutes les pensées hostiles qui s'étaient fait jour dans l'esprit de la bourgeoisie et *de faire taire les mauvaises langues* (¹). Le lendemain donc, le Magistrat en corps se rendit de tribu en tribu pour y faire connaître l'accord conclu avec M. de Coulanges et dont l'exécution commença dès le même soir. Ce matin, après la séance du conseil, M. l'Intendant a passé de nouveau par Colmar, se rendant à Ribauvillé et à Sainte-Marie où le Roi doit arriver demain; l'élection de l'Obristmeister a eu lieu hier, le choix est tombé sur M. André Sandherr, qui, pour des raisons majeures, a essayé de décliner cet honneur, mais tous ses efforts n'ont réussi qu'à faire confirmer l'élection par le conseil. Que Dieu nous soit en aide et nous fasse sortir heureusement de cette situation. »

Après le départ de la cavalerie du marquis de Coulanges, le Magistrat fit faire un relevé exact, par tribu, des pertes que le campement de ces cavaliers fit éprouver à chacune d'elles.

Les membres de la tribu *zur Treu* perdirent 282 florins 36 batz.

Id.	*zum Rysen*	500	—	4 —
Id.	*zum Ackerleutten*	253	—	
Id.	*zum Haffel*	158	—	
Id.	*zum Rebleutten*	34	—	
Id.	*zum Cräntzlen*	102	—	
Id.	*zum Leuwen*	361	—	
Id.	*zum Wohlleben*	323	—	
Id.	*zum Adler*	177	—	
Id.	*zum Holderbaum*	65	—	

2255 florins 7 batz.

Extrait des *Curiosités d'Alsace*, 4ᵉ livraison, 2ᵉ année.

(¹) Le texte allemand est plus énergique : *unndt die böse Maüler zu stopffen.*

www.ingramcontent.com/pod-product-compliance
Ingram Content Group UK Ltd.
Pitfield, Milton Keynes, MK11 3LW, UK
UKHW020920140726
13695UKWH00006B/2622